QUELQUES

RÉFLEXIONS

SUR L'ART THÈATRAL.

QUELQUES
RÉFLEXIONS
SUR L'ART THÉATRAL,
SUR LES CAUSES DE SA DÉCADENCE,
ET SUR LES MOYENS A EMPLOYER
POUR RAPPELER LA SCÈNE FRANÇAISE A SON ANCIENNE SPLENDEUR;

PAR ALEXANDRE RICORD FILS,
(DE MARSEILLE.)

« L'École du public qui paie est toujours meilleure que celle où les
» maîtres sont payés, et où les spectateurs ne paient rien. »
FEUILLETON du Journal de l'Empire, 14 mai 1811.

A PARIS,
CHEZ PILLET, IMP.-LIB., RUE CHRISTINE,
ET LE NORMANT, IMPRIMEUR-LIBRAIRE,
RUE DE SEINE, F. S. G., N°. 8.

1811.

QUELQUES RÉFLEXIONS SUR L'ART THÉATRAL.

L'influence de la comédie sur les mœurs et sur le goût d'une grande nation, est d'une trop haute importance pour qu'elle ne fixe point l'attention de son gouvernement, et qu'elle n'excite pas l'émulation, et des amis des arts qui l'a font prospérer et considérer, et de tous ceux qui prennent intérêt à son bonheur et à sa gloire.

Le théâtre prit naissance et se perfectionna chez le peuple qui s'est le plus distingué par sa civilisation, son courage, sa législation et son amour pour la vraie gloire. Les Grecs furent moins conquérans que les Romains ; mais ils furent plus grands quand ils défendirent leur patrie ; plus sages dans leur politique, et plus profonds dans les arts qu'ils créèrent, et dont les Romains n'ont été souvent que les faibles imitateurs : les Romains furent les dévasteurs du monde ; les Grecs en ont été les législateurs.

Les Athéniens considéraient l'art théâtral ; ils honoraient les comédiens ; plusieurs acteurs occupèrent des emplois importans, et il y en eut même qui furent nommés ambassadeurs ; à Rome, l'état de comédien était méprisé, et Cicéron, dans son plaidoyer en faveur du célèbre Roscius, plaint un si honnête homme d'exercer un métier si peu honorable...... D'où vient cette différence ? C'est que dans Athènes le théâtre était regardé comme une école publique qui devait être utile au gouvernement et aux mœurs ; que les acteurs étaient des citoyens instruits, qui offraient aux spectateurs les belles actions des hommes qui avaient illustré leur pays ; et que dans Rome le théâtre était consacré à amuser le peuple, à le distraire des affaires publiques, et un moyen dont les ambitieux se servaient pour le séduire. Les acteurs n'étaient donc que des êtres avilis, regardés par les Romains comme les suppléans des gladiateurs ; et ce qui le prouve, c'est qu'on les traitait comme les esclaves quand ils mécontentaient le public.

Il est vrai que la comédie ne fut d'abord

dans Athènes que des satires en action, et que l'on nommait les personnages que l'auteur voulait livrer à la risée du public : c'était même un moyen pour attirer la haine générale sur ces mêmes personnages. Les magistrats défendirent cette licence ; alors les auteurs y suppléèrent par des masques qui offraient les traits de ceux qu'on voulait représenter, et par des vêtemens semblables à ceux qu'ils avaient habitude de porter. Les spectateurs mettaient de l'amour-propre à deviner celui qu'on voulait traduire devant eux, et c'est de cette manière qu'Aristophane présenta le sage Socrate sur la scène grecque, dans la comédie *des Nuées*. Socrate assista debout à la représentation de cette pièce, sans donner aucun signe d'improbation, et sans que le calme de son visage en fût altéré.

Les Athéniens réprimèrent enfin l'audace des auteurs, et ils devinrent si sévères à cet égard, sur-tout pour les traits qu'on lançait contre les organes des lois, qu'*Anaximandrite* fut condamné à mort pour avoir parodié un vers d'Euripide dont voici le sens :

« *La nature l'a voulu ; elle ne se soucie point de la loi.* » Anaximandrite substitua le mot *magistrat* à celui *de nature*, et dit : *le magistrat l'a voulu ; il ne se soucie point de la loi......* Cette rigueur est une preuve du respect que les Grecs avaient pour leur gouvernement.

La comédie prit sa troisième forme, et il y eut alors intention dans l'action, régularité dans le plan, et une pièce dramatique fut soumise à des règles fixes.

Les auteurs romains empruntèrent toute la licence du théâtre grec sans en prendre toutes les beautés. Plaute et Térence furent les imitateurs d'Aristophane et de Ménandre; mais aucun auteur tragique latin n'approcha de Sophocle ; car il y a bien loin du sublime de la tragédie grecque aux déclamations de Sénèque.

Quoique César fasse un cas distingué des talens de Térence, il rend justice à la supériorité du théâtre grec, et particulièrement à Ménandre. Voici ce qu'il adresse à Térence :

> *Tu quoque, tu in summis, ô dimidiate Menander,*
> *Poneris et merito*, etc.

L'on voit qu'en classant Térence parmi les écrivains qui illustraient la scène romaine, César s'écrie : *Et toi, demi-Ménandre*, etc.

N'est-ce pas faire le plus brillant éloge de l'auteur grec?

Auguste bannit de Rome et de toute l'Italie le comédien Pilade, qui avait fait remarquer, en le montrant du doigt, un citoyen qui le sifflait. Après son règne l'avilissement fut à son comble dans cette cité célèbre; des magistrats, après avoir assisté à des spectacles de la dernière indécence, tels que la pantomime de *Pasiphaé*, dont l'affreux Néron se disait l'auteur, se dégradaient en allant accompagner les comédiens jusques à leur maison. Cette bassesse, cet oubli de toute dignité, étaient le résultat de la lâcheté que les grands avaient de flatter la folie de cet exécrable souverain, qui faisait ses camarades et ses favoris des plus abjects histrions.

Quand la Grèce subjuguée perdit sa splendeur et ses beaux-arts; quand Rome redevint barbare sous les monstres qui s'intitulaient souverains, l'art dramatique et l'art théâtral furent entraînés par le torrent qui inonda l'Europe et la couvrit des ténèbres de l'ignorance. Ce ne fut que plusieurs siècles après qu'ils reprirent une forme régulière en France, sous le règne de Louis XIII, par les soins et la protection que leur accorda le cardinal de Richelieu.

La Comédie française, que l'on doit regarder comme le sanctuaire de Thalie, ne date que de l'année 1680. Cette année-là, Louis XIV réunit, en une seule troupe, les deux théâtres qui existaient à Paris, et ordonna, par une lettre de cachet, au lieutenant-général de police de la Reynie, de ne permettre l'établissement d'aucune autre troupe.

Paris fut donc le berceau de la comédie moderne, comme Athènes avait été celui de la comédie ancienne. Les compagnons de Molière étaient des citoyens recommandables, appartenant à des familles honnêtes et estimées. Les mœurs et les usages de Paris ont bien plus de rapport avec ceux d'Athènes qu'avec ceux de Rome; le caractère français se rapproche de celui des Grecs, et cependant le comédien n'a jamais été considéré en France : la religion le frappait d'anathême, et ils n'étaient admis chez les grands que comme des bouffons qui devaient être honorés de servir à leurs amusemens; si depuis quelques années le préjugé religieux paraît endormi, l'usage maintient encore l'espèce d'humiliation que l'on a attachée à cette profession, et l'on continue d'être injuste envers les comédiens, parce que l'on ne porte pas assez d'attention à l'utilité dont ils peuvent être, et que l'on néglige les moyens de faire servir l'art théâtral au profit des mœurs de la nation.

Ce préjugé contre les acteurs prend sa source dans l'inconduite de la plupart d'entr'eux, et particulièrement dans celle des actrices ; mais combien l'homme qui, au milieu de ces exemples de perversité, et témoin de cette réunion de vices, conserve des mœurs pures, tient une conduite estimable, et se distingue par les qualités du cœur et la décence de l'esprit, doit inspirer de l'intérêt ; combien la considération des personnes honnêtes lui est due, et qu'on serait injuste de le repousser de la société des gens de bien.

L'amour-propre excessif que la plupart des comédiens manifestent ; l'importance qu'ils se donnent à eux-mêmes plutôt qu'à leur art, peuvent être encore des causes de ce préjugé, ou du moins elles ont servi à le maintenir : il était aussi ridicule d'entendre Michel Baron dire avec emphase : *que l'on voyait un César tous les siècles, et qu'il fallait deux mille ans pour faire un Baron*, que de voir un gentilhomme, valet-de-chambre de

Louis XIV, se refuser à faire le lit du monarque avec Molière, parce qu'il était comédien.

Les Anglais, qui sont à la France (quant à l'art théâtral) ce que les Romains étaient aux Athéniens ; dont les usages, les mœurs et les spectacles, ont plus de ressemblance avec ceux de Rome qu'avec ceux d'Athènes, considèrent leurs acteurs, distinguent, et se font gloire d'estimer ceux qui sont irréprochables et qui ont des talens. Si l'on osait hasarder une conjecture qui ne serait pas à notre avantage, l'on pourrait indiquer l'explication de cette contradiction entre leur conduite et la nôtre envers les comédiens, dans l'amour que les Anglais portent à leur patrie ; amour qu'ils ont en vue, comme les Grecs, dans le perfectionnement des arts, dans les progrès des sciences, dans le commerce, comme dans les armées ; tandis que le Français n'est vraiment citoyen qu'au champ de Mars, et que nos artistes n'ont souvent d'autre mobile que leur orgueil, comme nos négocians d'autre divinité que Plutus. Les Romains n'eurent ce patriotisme sacré que pendant le tems de la république, et ils le perdirent à mesure qu'ils devinrent riches et corrompus.

Quel siècle étonnant que celui de Louis XIV!

Quelle réunion de grands-hommes dans tous les genres! Tout fut favorable au génie. Les querelles de Port-Royal avec les Jésuites; les disputes de Perrault avec Boileau et les partisans des anciens; la censure intéressée de l'éloquent Bossuet contre l'illustre Fénélon; enfin toutes les petites factions, qui n'avaient d'autres armes que la plume pour se combattre, tournèrent au profit des arts. La médiocrité, il est vrai, inondait et la cour et la ville de ses écrits monotones; mais au milieu de cette profusion littéraire s'élevèrent les productions profondes et sublimes de la sagesse et de la raison; et si les écrivains célèbres de ce siècle mémorable travaillèrent plus pour la gloire de la nation que pour son bonheur, ils la portèrent à son dernier période.

Corneille et Molière posèrent les limites de l'art dramatique, et ces deux grands poëtes, ces deux profonds philosophes, nous donnèrent la supériorité sur la comédie des anciens.

La fin du règne de Louis-le-Grand ternit la gloire du souverain, sans rembrunir celle de la nation. Un prêtre vindicatif et une femme ambitieuse déshonorèrent ce monarque en lui faisant partager leur haine et leur vengeance.

L'art dramatique n'a fait que décliner; mais l'art théâtral s'est maintenu et perfectionné depuis lors.

Un prince doué de grands talens, de qualités brillantes, qui eût été philosophe s'il fût né moins près du trône, laborieux, ami et protecteur des sciences et des arts qu'il cultivait avec succès, mais trop avide de nouveautés, trop facile à croire ceux qui flattaient, par des plans plus séduisans que solides, son desir de changer les institutions faites par Louis XIV; ce prince, dis-je, adopta inconsidérément un systême de finances, conçu par un étranger plus jaloux d'acquérir la réputation d'un homme extraordinaire, que de relever le crédit et la fortune de l'Etat. Les suites de ce désastreux systême produisirent un bouleversement total dans les fortunes, changèrent les idées et les usages de la nation, et portèrent le coup le plus funeste à sa moralité. Philippe d'Orléans, régent pendant la minorité de Louis XV, fut donc, malgré ses lumières et sa politique, la dupe d'un intrigant subalterne, qui acheva de ruiner le trésor public et les familles les plus considérées, sans s'enrichir lui-même. Les esprits se tournèrent vers la cupidité; l'émulation pour les sciences fut paralysée;

les emplois et les honneurs furent accordés aux richesses ; la décence et la probité devinrent des ridicules, et il y eut une égalité de vices, qui rapprocha tous les états et confondit tous les rangs.

L'indolence et les profusions de Louis XV aggravèrent le mal, et les canaux des finances, détournés par les traitans impunis, ne pouvaient plus fournir aux énormes dépenses des princes et de leurs favoris.

La corruption du goût et des mœurs se fit encore plus sentir sous le règne suivant. L'on vit des princes du sang prendre les plus vils déguisemens, et reproduire dans Paris les scènes nocturnes et scandaleuses qu'offrit Néron à Rome en attaquant les passans dans les rues pour les dépouiller. Le Théâtre-Français fut presque abondonné, et Nicolet était obligé de donner deux représentations par jour, sur son théâtre des boulevards, où *Jannot-Volange*, digne prédécesseur de *Jocrisse-Brunet*, amusait ses illustres auditeurs. Ce théâtre fut bientôt le rendez-vous des jeunes gens, entraînés par ces exemples pervers, et attirés par les femmes prostituées qui composaient la société ordinaire des méprisables successeurs de ces princes polis, qui donnèrent jadis le ton de la décence et de la vraie noblesse à toutes les cours de l'Europe.

Au milieu de cette dépravation effrayante, l'art dramatique rétrogradait d'une manière très-sensible. Le langage spirituel, mais trop recherché de Marivaux, fut substitué au dialogue naturel, et devint un modèle séduisant et funeste pour les auteurs qui l'ont suivi. On l'imitait avec de l'esprit; mais le génie seul peut approcher de la sublime vérité du langage de Molière; et pour saisir cette vérité, il faut une étude constante et profonde de la société; étude trop difficile et trop génante pour les jeunes et présomptueux auteurs qui se croient de grands-hommes dès leur entrée dans le monde.

L'art théâtral s'était soutenu malgré ce désordre, et il était même dans sa splendeur. *Préville, Lekain, Brizard, Molé, Desessart, Bellecourt, Larive, Dugazon,** *Dazincourt,*

* La perte de *Dugazon* et celle de *Dazincourt* sont irréparables. Ces deux artistes distingués possédaient l'ancienne tradition des rôles de leurs emplois; tradition inconnue à ceux qui prendront leurs places, mais qui ne les remplaceront pas..... Pourquoi un comédien recommandable, qui a déjà fait preuve de talent sur le Théâtre-Français, y ayant doublé *Dugazon* pendant

Naudet, *Fleury*, *Talma*, *Monvel* ; Mmes *Duménil*, *Clairon*, *Joly*, *Saintval*, *Contat*, *Devienne*, étaient incontestablement supérieurs à *Baron*, qu'on nomme encore le *Roscius* français, à *Sarrazin*, *Lanoue*, *Poisson*, et à Mmes *Champmelé*, *Lecouvreur*, etc., et formaient une réunion, un ensemble de talens, qu'il faut avoir vu pour juger sainement l'art théâtral.

Depuis l'époque de la révolution française (1789), l'art théâtral a déchu, et il a suivi la décadence de l'art dramatique.

C'est à cette époque que, pour la première fois en France, le bourgeois, le marchand et l'artisan prirent part aux affaires publiques ; et cette classe qui jadis était presque étrangère au spectacle, devint la seule qui eût la faculté d'y aller ; elle s'y porta avec ardeur et en prit l'habitude.

Cette affluence de spectateurs fit ouvrir des petits théâtres qui s'adonnèrent au genre qui

plusieurs années, M. *Fusil*, qui connaît cette ancienne tradition, et qui réunit à ces avantages des qualités et des mœurs estimables, n'a-t-il pas été rappelé par ses anciens camarades pour remplir une place qu'il paraissait équitable de lui rendre ?

devait plaire à des gens dont il fallait émouvoir les sens et non intéresser l'esprit. Les sentences de Voltaire même, ne furent plus assez fortes pour exciter une multitude qui, acteur et témoin de scènes extraordinaires, trouvait mesquin et mauvais tout ce qui ne portait pas leur caractère.

La comédie est le genre qui a le plus souffert parce qu'il est le plus naturel, et qu'il faut beaucoup de finesse dans l'esprit et connaître parfaitement le monde pour y réussir, tandis qu'avec de l'imagination l'on peut faire une tragédie. L'on conviendra que la tragédie s'est soutenue dans une médiocrité honorable, et que la comédie est dans le plus grand dépérissement.

Les faiseurs de pièces de théâtre ne travaillent pas toujours pour la gloire, et pour complaire au nouveau public, des hommes qui, peut-être, eussent été des auteurs distingués, s'adonnèrent à un genre monstrueux, destructeur de tout talent. Les invraisemblances, les cavernes, les fantômes, les chaînes, les voleurs; enfin, toutes les ridicules horreurs des romanciers anglais furent mises à contribution, et valurent, à ces auteurs, sinon de l'honneur, du moins beaucoup d'argent.

Le mélodrame a porté, peut-être, un coup mortel à la bonne comédie et à l'art théâtral.

L'on a supprimé les petits spectacles pour arrêter ce désordre ; mais le résultat de cette mesure est contraire à l'amélioration que l'on s'était proposée, et agrave le mal au lieu d'y remédier.

Les directeurs de comédie qui n'ont plus de concurrens à redouter dans les départemens, composent des troupes misérables, dénuées de talens, et ne font représenter que des mélodrames et des fadaises des Variétés. Ils excluent de leur répertoire la comédie et la tragédie par deux motifs bien puissans, et les voici : Le public, accoutumé à des spectacles extraordinaires, ne se porterait point en foule aux chefs-d'œuvre du Théâtre-Français, et l'avide lésinerie des directeurs leur défend de payer des acteurs capables de les jouer : ainsi l'art se perd et le goût se corrompt.

L'art, parce que la comédie et la tragédie ne se jouant qu'à Paris, et les théâtres des départemens étant abandonnés aux mélodrames et aux niaiseries de Brunet, il est impossible que, comme par le passé, des élèves s'y forment ; et, avec le petit nombre des artistes distingués * qui soutiennent encore la scène française, s'éteindront l'ancienne tradition des rôles qui composent le fonds de son répertoire, et les modèles sur lesquels pourraient se former de nouveaux acteurs.

Le goût, parce que le bourgeois, le marchand, et tous ceux qui n'ont pas assez de faculté pécuniaire pour aller au Théâtre-Français, conduisent leur famille aux théâtres des boulevards, où le mélodrame corrompt le goût de ceux qui le voient représenter habituellement, et ferme les portes du temple de Thalie aux acteurs qui, pour plaire à la multitude, contractent une diction et une manière de jouer tout-à-fait extraordinaires, et étrangères à la simplicité et au naturel qui caractérisent la bonne comédie.

Si on laissait empirer le mal, et que l'on accoutumât la nation aux invraisemblances du

* *Michot*, *Damas*, *St.-Prix*, *Baptiste* aîné, *Lafond*, Mlle *Duchesnois*, Mlle *Levert*, Mlle *Mars* ont des talens supérieurs; et quand on a le bonheur de les voir réunis aux débris de l'ancienne troupe française, il y a de l'ensemble dans les représentations : mais après leurs retraites, les emplois qu'ils remplissent n'auront-ils pas le sort de ceux dans lesquels brillaient et *Dugazon* et *Grandménil* ?

théâtre espagnol, et à la barbarie du théâtre anglais, elle n'aurait bientôt aucune idée juste de la saine comédie ; et l'on verrait, même à Paris, se renouveller envers l'acteur qui se préserverait de la contagion du mauvais goût, le reproche flatteur que jadis les Bordelais adressèrent à l'inimitable Préville, en désertant le spectacle, parce que, disaient-ils, il jouait comme s'il était dans sa chambre.

N'avons-nous pas déjà vu siffler *Georges Dandin?* Siffler Molière! Quelle preuve plus frappante peut-on donner de la corruption du goût? *Le Grondeur,* pièce d'un naturel exquis, d'un comique vrai, qui est remplie d'esprit ; ce chef-d'œuvre de l'abbé Brueys, que Molière ne désavouerait certainement pas, n'a-t-il pas été aussi frappé d'anathême par les mêmes juges?

Les sifflets de l'hôtel de Bouillon contre la *Phèdre* de Racine, étaient dirigés par la haine, et Mme de Sévigné et ses complices, dans cette cabale, savaient très-bien que cette tragédie était un chef-d'œuvre, et que la *Phèdre* de Pradon était une pièce médiocre. (Je dis médiocre, parce que chaque jour nous en voyons beaucoup de moins supportables), qui ne pouvait entrer en comparaison avec celle de l'illustre auteur d'*Athalie;* mais c'est l'ignorance, la plus humiliante qui a présidé aux décisions de ce parterre qui, après avoir improuvé et Molière et Brueys, a été applaudir avec transport *la Queue de Lapin* et *M. Giraffle.*

Le Théâtre-Français ne doit, ni ne peut faire beaucoup d'élèves, et par la composition de leur troupe les autres théâtres n'en peuvent former aucun pour la comédie et pour la tragédie, et n'en déplaise à MM. les professeurs de l'art théâtral, l'on n'apprend pas à jouer la comédie dans sa chambre. Tout ce qui concerne l'adresse et l'intelligence peut être enseigné; mais l'on ne peut indiquer ce qui est du ressort de l'ame. L'on apprend à danser, à chanter; mais non à avoir de la sensibilité, ou bien de la chaleur en terme de coulisses; qualité indispensable pour un acteur, et sans laquelle la comédie n'est qu'un métier.

Les professeurs de déclamation mettront bientôt la tragédie en musique, ou la noteront comme le plain-chant. Je leur indiquerai même une autorité qui pourrait bien leur faire adopter cet usage. J'ai vu jadis entre les mains de Mme Lavigne, aujourd'hui (à ce que je crois) Mme Molé, attachée au théâtre de l'Impératrice, le rôle d'Emilie de la tragédie de *Cinna*, noté, vers par vers, de la main du célèbre Lekain. Il est cependant à présumer que Lekain n'avait fait ce travail, assez singulier, que pour quelqu'un dont il avait jugé les moyens physiques et l'ame, ou plutôt pour sa propre satisfaction ; car il ne fit jamais d'élèves. Voici ce que dit Dazincourt dans sa notice sur Préville, relativement à cet acteur : « Lekain, son admirateur et son ami (de Préville), ne se » plaisait pas également à communiquer ses » réflexions sur l'art de représenter la tragédie ; » peu d'acteurs ont reçu de lui des avis qui, » sans doute, eussent été précieux. » L'assertion de cet artiste vient à l'appui de ma conjecture.

S'il n'est au pouvoir de personne de soutenir, par de nouveaux chefs-d'œuvre, la supériorité brillante que donnèrent à la scène française les pièces immortelles de Corneille, Molière, Regnard, Racine, Crébillon, Voltaire, Piron, etc., il est des moyens de prévenir la chûte entière de l'art théâtral et de lui rendre sa splendeur. Il faut pour cela que des hommes qui l'ont étudié travaillent à sa régénération, qu'ils aient pour but, non une spéculation sordide ; mais l'amour de l'art, et que le gouvernement les protège.

Il serait facile de démontrer que les écoles de déclamation ne sont propres qu'à exercer la mémoire des élèves, et à leur faire contracter des habitudes vicieuses, soit dans les attitudes, soit dans la diction ou dans les gestes. Le théâtre est la seule école où l'on puisse former des élèves, et le public le seul juge qui puisse les corriger efficacement; je proposerai donc des écoles publiques et en action, si je puis m'exprimer ainsi; car comme le dit l'épigraphe de cet aperçu : « L'école du public qui » paie est toujours meilleure que celle où les » maîtres sont payés, et où les spectateurs ne » payent rien. »

Je voudrais que l'on établît en France quatre théâtres : le premier à Paris, et les autres à Marseille, Lyon et Bordeaux, villes où jadis l'on jouait la bonne comédie, et qui ont donné des acteurs célèbres au Théâtre-Français. Les salles du théâtre Olympique, à Paris; du Théâtre-Français, à Bordeaux; des Célestins, à Lyon; et du Théâtre-Français, à Marseille, sont situées et construites de la manière la plus avantageuse pour des jeunes comédiens. Je pense que la dénomination d'élèves de Thalie serait celle qui conviendrait le mieux à ces artistes. L'on ne serait admis à ces écoles que par ordre du ministre de l'intérieur ; et il faudrait avoir au moins quinze ans, et au plus vingt-cinq pour entreprendre la carrière pénible et laborieuse du théâtre. Les élèves auraient des appointemens ; les moindres de 1000 francs et les plus forts de 2000 francs, et tous les costumes seraient fournis par l'administration.

Deux professeurs dont les talens et l'instruction auraient été reconnus, seraient attachés à chaque théâtre ; mais ils ne joueraieut point la comédie, parce qu'il pourrait fort bien arriver, que l'élève étant plus jeune, et ayant des moyens plus forts et plus flexibles que ceux du professeur, exécutât beaucoup mieux ce qui lui aurait été démontré, que le professeur lui-même, et qu'il reçût plus d'applaudissemens, ce qui exciterait son amour-propre, et nuirait à ses progrès en altérant la considération et la confiance qu'il doit avoir pour ses maîtres.

L'on représenterait sur ces théâtres les pièces du répertoire de la Comédie française; mais particulièrement les anciennes que l'on ne voit plus.

Les auteurs y trouveraient la ressource de faire jouer leurs ouvrages, qui, pour cela, ne seraient point exclus de la scène française, et le public pourrait, par la médiocrité du prix des places, voir la bonne comédie, et rectifier son goût abâtardi par les spectacles monstrueux où il est obligé d'aller.

Le théâtre de Paris serait regardé comme une succursale de la Comédie française, et ceux des départemens comme autant de succursales de celle de Paris. Les élèves changeraient d'école si les professeurs le croyaient utile; et après avoir fini leur engagement, qui serait au moins de trois années, ils pourraient être admis à la succursale de Paris, ou bien s'engager dans d'autres troupes, soit dans les départemens, soit dans l'étranger.

La Comédie française désignerait six mois à l'avance le sujet qu'elle jugerait assez instruit pour être admis aux débuts sur son théâtre. Ce délai de six mois serait nécessaire pour ne pas déranger subitement le répertoire des élèves; mais les professeurs qui auraient la direction de leur troupe, ne pourraient, sous aucun prétexte, se refuser à la demande des comédiens français.

Un second théâtre, où l'on jouerait la comédie, est indispensable à Paris, pour que le Théâtre-Français ne souffre jamais de l'absence des premiers emplois. Combien l'on a déjà vainement cherché dans l'espérance de remplacer Grandménil et Caumont, Dugazon et Dazincourt !

Cette difficulté ne prouve-t-elle pas la nécessité de former des acteurs, et de les former particulièrement à Paris ? Qui a préservé la Comédie française de sa chûte entière ? c'est l'émulation que se donnèrent deux théâtres rivaux pendant les premières années de la révolution.

Il y aurait un commissaire du gouvernement à chacun des quatre théâtres, à qui les demandes seraient adressées, et qui les transmettraient aux professeurs, qui exécuteraient ses ordres pour tout ce qui ne serait pas de police locale.

Le commissaire du gouvernement nommerait les employés aux recettes et autres, traiterait avec les fournisseurs, serait enfin chargé de toutes les dépenses ; recevrait les recettes, et payerait le tableau des appointemens des élèves et des autres employés, qui lui serait remis chaque quinzaine par les professeurs, et ces derniers en feraient la distribution.

Les professeurs veilleraient à la conduite des élèves ; mais ils ne pourraient prononcer aucune peine de discipline sans le consentement du commissaire du gouvernement, excepté les amendes pour défaut d'exactitude aux répétitions.

Le produit des recettes serait plus que suffisant pour faire rentrer les avances que le gouvernement serait dans le cas de faire pour établir ces écoles scéniques, et avec de l'ordre et de l'économie, sans lésinerie, il en résulteroit encore un bénéfice assez considérable.

Je n'ai fait qu'indiquer les bases de cet établissement, dont la police serait déterminée par des réglemens particuliers, ainsi que le nombre des élèves, les appointemens et les attributions, soit du commissaire du gouvernement, soit des professeurs.

Ces théâtres seraient des sources abondantes de sujets pour la France et pour l'étranger, et donneraient aux zélateurs de la scène française, l'espérance fondée, de voir naître et développer des talens qui lui rendraient sa supériorité et son éclat.

FIN.

www.ingramcontent.com/pod-product-compliance
Ingram Content Group UK Ltd.
Pitfield, Milton Keynes, MK11 3LW, UK
UKHW032029260826
14628UKWH00006B/2822

9 782329 372174